BEI GRIN MACHT SICH IHR
WISSEN BEZAHLT

- Wir veröffentlichen Ihre Hausarbeit,
  Bachelor- und Masterarbeit

- Ihr eigenes eBook und Buch -
  weltweit in allen wichtigen Shops

- Verdienen Sie an jedem Verkauf

Jetzt bei www.GRIN.com hochladen
und kostenlos publizieren

Innovationsmanagement. Betrachtung von verschiedenen Aspekten

Jürgen Gangoly

Bibliografische Information der Deutschen Nationalbibliothek:

Die Deutsche Nationalbibliothek verzeichnet diese Publikation in der Deutschen Nationalbibliografie; detaillierte bibliografische Daten sind im Internet über http://dnb.d-nb.de abrufbar.

ISBN: 9783346585905
Dieses Buch ist auch als E-Book erhältlich.

Druck und Bindung: Books on Demand GmbH, Norderstedt Germany
Gedruckt auf säurefreiem Papier aus verantwortungsvollen Quellen

Das vorliegende Werk wurde sorgfältig erarbeitet. Dennoch übernehmen Autoren und Verlag für die Richtigkeit von Angaben, Hinweisen, Links und Ratschlägen sowie eventuelle Druckfehler keine Haftung.

Das Buch bei GRIN: https://www.grin.com/document/1162872

PROJEKTARBEIT
INNOVATIONSMANAGEMENT

Jürgen H. GANGOLY

1 Inhaltsverzeichnis

2 Abkürzungsverzeichnis

AG	Aktiengesellschaft
App	Applikation (mobile)
B2B	Business-to-Business
B2C	Business-to-Consumer
CEO	Chief Executive Officer
CO_2	Kohlenstoffdioxid
DBA	Doctor of Business Administration
F&E	Forschung & Entwicklung
FinTech	Finanz-Technologie
GbR	Gesellschaft nach bürgerlichem Recht
GmbH	Gesellschaft mit beschränkter Haftung
GPS	Global Positioning System
IKT	Informations- und Kommunikationstechnologie
inkl.	inklusive
MVP	Minimal Viable Product
NGOs	Non-governmental Organisations
P&G	Procter & Gamble
S.	Seite
USA	United States of America
vgl.	vergleiche
z. B.	zum Beispiel

3　Abbildungs- und Tabellenverzeichnis

1 Einleitung

Hierbei handelt es sich um eine DBA-Projektarbeit (Modul 6, Innovationsmanagement), in der drei Aufgaben inklusive Sub-Fragestellungen zu beantworten waren.

2 Umsetzung der Aufgaben

2.1 Bekannte Innovationsarten und Formen inkl. Praxisbeispielen

Beim Beschreiben der Arten von Innovationen ist es wesentlich, darauf hinzuweisen, dass Innovationen nicht nur neue oder verbesserte Produkte betreffen. Innovationen können vielmehr in allen Wirtschafts- und Gesellschaftsbereichen entwickelt und umgesetzt werden. Sie definieren ebenso die Weiterentwicklung von Dienstleistungen, Strukturen, Märkten und die kulturelle und politische Weiterentwicklung von Organisationen, Regionen und Staaten. Bei betrieblichen Innovationen unterscheidet Disselkamp (2012, S. 21) zwischen

- **Produktinnovation**
- **Prozessinnovation**
- **Marktinnovation**
- **Strukturinnovation**
- **Kulturinnovation**

und beschreibt (vgl. Abbildung 1), dass diese Innovationsarten innerhalb eines Unternehmens in direktem Zusammenhang stehen.

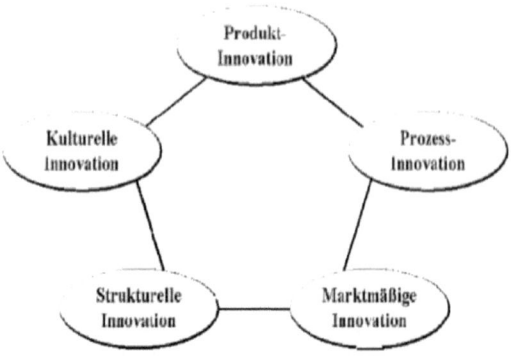

Abbildung 1: Arten von betrieblichen Innovationen, Quelle/Grafik: (Disselkamp, 2012, S. 21)

Graham Horton (2017), Professor an der Fakultät für Informatik der Otto-von-Guericke-Universität Magdeburg und Experte für Innovationsmanagement (Zephram GbR, 2018), ergänzt diese fünf betrieblichen Innovationsbereiche um den Bereich der **Geschäftsmodellinnovation** und argumentiert, diese *"[...] geht über bloße Produkt- und Prozessinnovationen hinaus und ermöglicht Neuerungen an der gesamten Wertschöpfungsarchitektur. Dies schließt das Preismodell, die Art der Kundenbeziehungen, die Verteilung der Wertschöpfung in einem Partnernetzwerk und Vieles [sic] mehr. Viele Unternehmen versprechen sich signifikante Wettbewerbsvorteile durch die Geschäftsmodellinnovation."* (Horton, 2017)

Zusätzlich zu den von Disselkamp (2012) und Horton (2017) beschriebenen unternehmerischen Innovationsarten, kann im wirtschaftlichen Bereich weiters **Marketinginnovation** bzw. Innovationsmarketing als relevantes Segment und wesentlicher betrieblicher Erfolgs- und Innovationstreiber beschrieben werden. Außerhalb des engeren betrieblichen Bereiches sind **Sozialinnovation** und **Umweltinnovation** jene Innovationsbereiche, die in den letzten Jahren besondere öffentliche Aufmerksamkeit erfahren haben, zum Beispiel im Zusammenhang mit Migrationsbewegungen und der Entwicklung des Weltklimas. Diese beiden nicht-betrieblichen Innovationsarten werden in der weiteren Projektarbeit ebenfalls beschrieben. Alle erwähnten Innovationsarten und Formen werden entsprechend der Aufgabenstellung der Projektarbeit nun erläutert und mit Praxisbeispielen aus der Literatur oder dem beruflichen Umfeld des Verfassers versehen.

2.1.1 Produktinnovationen

Produktinnovationen beschreiben neuartige oder verbesserte Produkte, Dienstleistungen oder Konzepte, die neuartigen oder wesentlich erweiterten Kundennutzen mit sich bringen. Produktinnovationen können sowohl in bereits bestehenden Märkten eingeführt werden als auch in neuen Märkten. Man spricht allerdings nur dann von Produktinnovationen, wenn es sich eindeutig um neue Produkte oder Dienstleistungen handelt. (vgl. Disselkamp, 2012, S. 22-24)

Beispiele für solche Produktinnovationen (zum Zeitpunkt der jeweiligen Markteinführung) sind die Ausstattung von Mobiltelefonen mit hochwertigen Kameras oder Armbanduhren mit integrierten GPS- und Gesundheitsfunktionen (z. B. Landkarten, Pulsmesser, Blutsauerstoffsättigung). Beide genannten Produktinnovationen haben nach ihrer Markteinführung rasch zu disruptiven Veränderungen am Markt geführt. Handy-Kameras haben mittlerweile die Produkte und Hersteller traditioneller Fotoapparate im Consumer-Bereich weitgehend verdrängt (vgl.

Photoscala, 2019). Sogenannte Smart-Watches, die zumeist von etablierten IKT-Unternehmen (z. B. Apple, Huawei, Samsung, Xiaomi) oder Sportausstattern (z. B. Garmin, Suunto, Polar, Fitbit, Coros) produziert und vertrieben werden, setzen den traditionellen Uhrenherstellern zu und verzeichnen enorme jährliche Wachstumsraten (2016-2017: +48 %). (vgl. Deloitte AG, 2017, S. 28)

2.1.2 Prozessinnovationen

Prozessinnovationen sind Veränderungen oder Neuerungen in wiederkehrenden Abläufen in Betrieben oder Organisationen. Sie verfolgen das Ziel, Leistungen effizienter und effektiver erbringen zu können. Die Beseitigung von Schwächen bestehender Ablaufprozesse fällt ebenso in den Bereich der Prozessinnovationen wie die Erhöhung der Sicherheit, die Steigerung der Qualität, der Haltbarkeit, der Kundenzufriedenheit, oder die Umsetzung besonders ressourcenschonender Beschaffungs- und Produktionsprozesse. (vgl. Disselkamp, 2012, S. 24-25)

Beispiele für Prozessinnovationen sind die genaue zeitliche und produktspezifische Abstimmung der Zulieferketten in der Automobilindustrie, um Lagerhaltungskosten zu reduzieren und dabei gleichzeitig die Produktvielfalt und Auswahlmöglichkeiten für die Konsumenten zu steigern, oder die von den staatlichen Regulierungsbehörden durchgesetzten, neuen und vereinfachten Online-Prozesse zum Wechsel von Strom- und Gasanbietern für Privathaushalte und Unternehmen (vgl. Energie-Control Austria, 2020). Die Strommarktliberalisierung und die damit verbundenen, innovativen Anbieterwechsel-Prozesse und -möglichkeiten haben ab 1996 innerhalb der Europäischen Union zu umfassenden **Markt- und Strukturinnovationen** im gesamten Bereich der Energieversorgung geführt. (vgl. Verein Österreichs E-Wirtschaft, 2017)

2.1.3 Marktinnovationen

Marktinnovationen sind jene Innovationen, die es ermöglichen, auf neuen oder erweiterten Märkten oder mit neuen Kundengruppen wirtschaftlich zu interagieren (vgl. Büttgen, 2009, S. 114). Diese Innovationen können sowohl auf Absatz- als auch auf Beschaffungsmärkten wirksam werden (Disselkamp, 2012, S. 27). Dies ist etwa bei international tätigen E-Commerce-Plattformen (z. B. Amazon.com, AliExpress.com, Klarx.com) sowohl im B2C als auch im B2B sichtbar. Auch im sogenannten FinTech-Sektor, wo traditionelle Banken als Finanzierungspartner von Unternehmen und Organisationen immer öfter durch Crowdfunding-Initiativen ersetzt werden, sind durch diese Marktinnovationen neue Absatz- und Beschaffungsmärkte entstanden. Diese werden häufig durch die Kombination von internationaler Vernetzung und Technologiesprüngen getrieben.

2.1.4 Strukturinnovationen

Strukturinnovationen bzw. **Strukturelle Innovationen** im betrieblichen Bereich sind zum Beispiel solche, die sich mit der Veränderung von Arbeitsplatz- und Arbeitszeitmodellen (z. B. 4-Tage-Woche, regelmäßiges Home-Office, Job-Sharing) befassen. Auch Franchising und Direktvertrieb brachten in vielen Branchen Strukturinnovationen mit sich (vgl. Disselkamp, 2012, S. 29). In der Medienbranche und im Journalismus allgemein hat die digitale Transformation prozessuale, aber auch wesentliche strukturelle Innovationen hervorgebracht, da sich sowohl Beschaffung (z. B. Citizen-Journalismus) als auch die Distribution von journalistischen Inhalten (z. B. Push-Services in der Mobilkommunikation) in den letzten Jahren massiv verändert haben. (vgl. Griebeler-Kollmann & Nomos Verlagsgesellschaft, 2019, S. 77)

2.1.5 Kulturinnovationen

Kulturinnovationen oder **kulturelle Innovationen** im betrieblichen Bereich sind Neuerungen und Verbesserungen, die im Wertesystem oder auf der Beziehungsebene zwischen Individuen stattfinden oder allgemein betriebsweit vereinbart werden. Sieglinde Walter (2004) nennt dies in ihrer Dissertation an der Universität Bremen im Zusammenhang mit innovativen Unternehmensnetzwerken auch *"sozio-kulturellen Kontext"* (Walter, 2004, S. 17). Beispiele für betriebliche Kulturinnovationen wären etwa Transparenz-Offensiven, die allen MitarbeiterInnen Zugang zu allen wesentlichen Unternehmenskennzahlen und -daten ermöglichen, wenn diese bislang nur den EigentümerInnen oder dem Management zugänglich waren. Auch die Abschaffung von speziellen Bekleidungsvorschriften, Titeln und Höflichkeitsfloskeln oder der Verzicht auf die Sie-Form bei der Ansprache von ArbeitskollegInnen und KundInnen, wie es etwa das schwedische Möbelhaus IKEA – als internationalen Export schwedischer Umgangsformen – seit den 1960er-Jahren weltweit praktiziert, können als kulturelle Innovationen in Betrieben bezeichnet werden. (vgl. Schupp, 2017)

2.1.6 Sozialinnovationen

Sozialinnovation oder **soziale Innovationen** beschreiben jene Neuerungen und Verbesserungen, die vor allem durch die Neugestaltung und Neuorganisation von sozialen, gesellschaftlichen und politischen Strukturen und Rahmenbedingungen entstehen und umgesetzt werden. Das Center for Social Innovation der Universität Stanford (USA) beschreibt soziale Innovation als jenen Prozess, der zur Entwicklung und zur Implementierung von effektiven Lösungen im Umgang mit den Herausforderungen und häufig systemisch verankerten Umwelt- und Sozialproblemen unserer

Zeit einhergeht. Das Center for Social Innovation weist in diesem Zusammenhang ausdrücklich darauf hin, dass solche Innovationen die aktive Zusammenarbeit unterschiedlicher Wähler- und Bevölkerungsgruppen und von Regierungsstellen, Wirtschaft und NGOs erfordern. (vgl. Stanford Graduate School of Business – Center for Social Innovation, 2020)

Das österreichische Zentrum für Soziale Innovation (zsi.at) wiederum, ein als GmbH unter der Leitung von Univ. Prof. Dr. Josef Hochgerner geführtes *"[...] sozialwissenschaftliches Institut, das durch Forschung, Bildung, Koordination von Netzwerken und Beratung zur Entwicklung und Anwendung von Wissen über soziale Innovationen beiträgt"*, definiert soziale Innovation als *"[...] neue soziale Praktiken zur Bewältigung sozialer Herausforderungen, die von den betroffenen gesellschaftlichen Gruppen angenommen und genutzt werden."* und beschreibt alle anderen Arten von Innovationen, zum Beispiel in Technik und Wirtschaft, als ebenfalls sozial relevant. (vgl. Hochgerner, 2012, S. 8)

Ein Praxisbeispiel für soziale und politische Innovationen aus dem beruflichen Umfeld des Verfassers – er ist Co-Gründer des Instituts –, ist das 2016 in Wien gegründete und mittlerweile europaweit tätige Innovation in Politics Institute (innovationinpolitics.eu). Dieses ermöglichte mit seinen innovativen Projekten "European Capital of Democracy" und "The Innovation in Politics Awards" unter anderem, dass inzwischen über 5.000 PolitikerInnen aus ganz Europa, parteien- und länderübergreifend vernetzt, an politischen und sozialen Innovationen arbeiten und deren lokale und regionale Implementierung forcieren und ermöglichen.

2.1.7　Umweltinnovationen

Als **Umweltinnovationen** werden jene Arten von Innovationen bezeichnet, die sich positiv auf Umwelt und Klima unseres Planeten auswirken und so etwa mithelfen, den CO_2-Ausstoß zu verringern oder Emissionen überhaupt zu vermeiden. Diese Innovationen treten aus Sicht des Verfassers zumeist in Zusammenhang mit oder als Ergebnis von Produkt- und Prozessinnovationen in anderen Bereichen auf, wobei bei relevanten Umweltinnovationen den Klima- und Umweltzielen zumeist von Beginn des Innovationsprozesses an hohe strategische Bedeutung beigemessen wurde. Auch neue Dienstleistungsangebote und soziale Innovationen können verschränkt mit Umweltinnovationen entwickelt werden oder diese direkt hervorrufen. Ein Beispiel dafür wären die neuen Mobilitätsanbieter in der Sharing-Economy, die im urbanen Bereich zu günstigen Konditionen die Nutzung von emissionsfreien Fortbewegungsmitteln ermöglichen (z. B. E-Bike-

Verleih, E-Scooter, E-Car-Sharing). Ein komplexes Beispiel für eine verschränkte Prozess- und Umweltinnovation ist die Abgaswiederverwertung in der modernen Zementproduktion, in der CO_2 nicht mehr in die Atmosphäre emittiert, sondern gefiltert, gespeichert und später der Kunststoffindustrie zur Verfügung gestellt wird. Ein diesbezügliches Pilotprojekt der Unternehmen OMV, Verbund, Borealis und Lafarge befindet sich in Niederösterreich bereits in der fortgeschrittenen Planungsphase. (vgl. Borealis AG, 2020)

2.1.8 Marketinginnovationen und Innovationsmarketing

Innovationen im Marketing und das Marketing für Innovationen sind jeweils essenzielle Bereiche für einen nachhaltigen Unternehmenserfolg. Das Innovationsmarketing vermarktet, vermittelt und kommuniziert dabei jene Aktivitäten und Ergebnisse des Innovationsprozesses, die für den Markterfolg von neuen Dienstleistungen und Produkten notwendig sind. Eine frühzeitige Einbindung von Marketing und Kommunikation in betriebliche Innovationsprozesse ist wesentlich für den späteren Markterfolg und die Akzeptanz von Ergebnissen und Maßnahmen innerhalb und außerhalb von Unternehmen. (vgl. Hengsberger, 2018)

Als konkretes Beispiel für Innovationsmarketing aus dem beruflichen Umfeld des Verfassers kann das Marketing und die Kommunikation für die Therme Wien (www.thermewien.at) angeführt werden. (Die Therme Wien ist ein langjähriger Kunde der Kommunikationsagentur Skills (skills.at), wo der Verfasser als geschäftsführender Gesellschafter tätig ist.) Die Therme Wien hat es ihren Gästen – und sogar Nicht-Gästen – im Rahmen der Kommunikation für eine neue, große Saunalandschaft ermöglicht, mitzubestimmen, in welcher Form der neue Saunabereich (gemischt, Herren, Damen, Familie) angeboten bzw. genutzt werden soll und auch, welche Inhaltsstoffe für Aufgüsse zusammengestellt und zur Anwendung kommen sollen. Aus 14 Duftessenzen konnten mittels Online-Abstimmung auf der Website der Therme und via Facebook die beliebtesten Saunadüfte ausgewählt werden, die dann fix in das Programm der Therme aufgenommen wurden. Durch diese Marketinginnovation, die als "Demokratie in der Sauna" auch zu umfassender Berichterstattung in Massenmedien führte, wurden tausende WienerInnen rasch auf die neue Saunalandschaft aufmerksam und zu aktiven MitgestalterInnen "ihrer" neuen Therme Wien. (vgl. Therme Wien, 2018)

2.1.9 Intensität, inkrementelle und radikale Innovation

Alle Innovationsarten können in der betrieblichen Praxis in unterschiedlicher Form und Intensität umgesetzt werden. Die Intensität einer Innovation wird durch das Ausmaß der Veränderung bzw.

darüber definiert, wie neu eine Innovation tatsächlich ist. Ähnlich wie bei klassischen Change-Management-Projekten wird auch bei Innovationsprozessen zwischen inkrementellem und radikalem Wandel bzw. Innovationsgrad unterschieden. (vgl. Emprechtinger, 2017)

Radikale Innovationen gehen häufig mit großen Technologie-Fortschritten einher und/oder bringen bisher nicht dagewesene Änderungen im Konsum- und Nutzungsverhalten der KundInnen mit sich bzw. erfordern diese in vielen Fällen sogar. Aus diesen Gründen sind radikale Innovationen zumeist mit großem Personalaufwand, hohem Budgetbedarf und dementsprechendem Risiko für das Unternehmen verbunden. Erfolgreiche radikale Innovationen lösen häufig Trends aus und können – zumeist mit Unterstützung neuer Technologien – gänzlich neue Märkte entstehen lassen. Bestehende Angebote und bislang etablierte Anbieter können dadurch zurückgedrängt oder gänzlich vom Markt verdrängt werden. (vgl. Lefenda & Pöchhacker-Tröscher, 2014, S. 17-18). Durch den im Internet-Zeitalter allgemein schnelleren Wandel in der Wirtschaft treten radikale Innovationen zuletzt häufiger auf als in der Vergangenheit, sie sind jedoch noch immer vergleichsweise selten. Je nach Branche sind nach wie vor 95-99 % aller Innovationen als inkrementelle Innovationen zu klassifizieren, da sie durch die schrittweise Weiterentwicklung oder Verbesserung eines bestehenden Produktes oder einer Dienstleistung umgesetzt wurden. (vgl. Lefenda & Pöchhacker-Tröscher, 2014, S. 6)

2.1.10 Pull- und Push-Innovationen

Auslöser für Innovationen können beispielsweise wissenschaftliche oder technische Durchbrüche sein oder auch die Nachfrage des Marktes nach neuen Angeboten und Problemlösungen. Ersteres wird "Technology Push" genannt, eine neue Nachfrage von Kundenseite wird hingegen als "Market Pull" bezeichnet. Radikale Innovationen aufgrund von Technology Push sind häufig so revolutionär, dass das betriebliche Umfeld, die Wertschöpfungskette, der Markt, das Kundenbedürfnis und damit die gesamte Nachfrage erst dadurch geschaffen werden (müssen). In Zusammenhang mit Technology Push und Produktinnovationen ist ein Zitat von Steve Jobs, dem verstorbenen Gründer und CEO von Apple, der international als einer der führenden Innovatoren im Bereich der Informationstechnologie und der Musikwirtschaft galt, prägnant und aussagekräftig:

"Es ist wirklich schwer, Produkte für Zielgruppen zu entwerfen. Meistens
wissen die Leute nicht, was sie wollen, bis man es ihnen zeigt."
(Steve Jobs in BusinessWeek, 25.5.1998, nach Love, 2011)

Jobs variierte damit ein bekanntes Zitat des Automobil-Pioniers Henry Ford, der sich nach heuti-
ger Terminologie eindeutig für Technology Push und einen Closed-Innovation-Prozess entschied:

„Wenn ich die Menschen gefragt hätte, was sie wollen, hätten sie gesagt
schnellere Pferde." (Henry Ford, nach Henry-Ford.net, 2021)

Im Zusammenhang mit aus dieser Philosophie des Apple-CEOs entstandenen, innovativen Apple-
Produkten gibt es mehrere (z. B. iMac, iPod, iPhone mit App-Store, iTunes-Store), die bei ihrer
Erstpräsentation teilweise belächelt wurden, aber radikale Innovationen darstellten und mittels
Technology Push (und innovativem Marketing) auf den Markt gebracht wurden. Diese Produkte
sorgten rasch für disruptive Umwälzungen in gleich mehreren Branchen und Marktsegmenten
(Hardware, Software, Telefonie, Musikwirtschaft, Fotografie, Filmindustrie). Die eigentliche Kun-
dennachfrage bzw. die mit den neuen Services und Produkten verbundenen Consumer-Bedürf-
nisse sind – ebenso wie ein umfassender App-Zuliefermarkt – erst nach der Präsentation der Produktinnovationen entstanden.

Als Beispiele für Pull-Innovationen, die außerhalb des Unternehmens, durch gesellschaftliche
Veränderungen, durch ein neues Kundenbedürfnis oder eine durch eine verstärkte Marktnach-
frage hervorgerufen und ausgelöst wurden, können die Einführung von Nachtautobussen bzw.
Nacht-U-Bahnen in Wien beschrieben werden. Diese eher inkrementellen Innovationen wurden
von den Wiener Linien nicht aus eigener Strategie oder eigenem Innovationswillen entwickelt,
sondern erst umgesetzt, nachdem es bereits über viele Jahre hinweg Petitionen, politische Dis-
kussionen und schließlich sogar eine Volksbefragung im Jahr 2010 dazu gab. (vgl. Stadt Wien,
2010)

2.2 Kundenintegration im Innovationsprozess (Open Innovation) und Abgrenzung von geschlossenen Innovationsprozessen (Closed Innovation)

Bei einem offenen Innovationsprozess (Open Innovation) in einem Unternehmen bzw. einer Organisation werden im Gegensatz zum geschlossenen Innovationsprozess (Closed Innovation) zum ehestmöglichen Zeitpunkt unternehmensexterne Know-how-TrägerInnen in einen strukturierten Prozess eingebunden. Beim geschlossenen Innovationsprozess wird nur auf unternehmensinterne Ressourcen zurückgegriffen. Externe Mitwirkende bei offenen Innovationsprozessen können dabei nicht nur Forschungs- und Entwicklungspartner und (potenzielle) Kunden, sondern – je nach Branche und Art der angestrebten Innovation – auch beinahe alle anderen Stakeholder eines Unternehmens sein (z. B. Lieferanten, Geschäftspartner, Logistikpartner, Anrainer, Branchen- und Expertenorganisationen, Thinktanks).

Die frühzeitige Kundenintegration in offene Innovationsprozesse, etwa durch qualitative Interviews, mittels Online-Plattformen zur Einbringung von Innovations- und Verbesserungsvorschlägen, durch Ideen-Wettbewerbe und in weiterer Folge bei Prototypen- und Pricing-Tests, ermöglicht Unternehmen die Reduzierung von Innovationsrisiken. Gleichzeitig gibt es bekannte Problemfelder, die erst durch die Kundenintegration in Innovationsprozesse entstehen. Aus Sicht des Verfassers könnte man die potenziellen Auswirkungen dieser Risiken auch mit "Die Dosis macht das Gift!" beschreiben. Denn bestehende Kunden neigen häufig dazu, den Eigenbedarf mit dem Marktbedarf gleichzusetzen und inkrementelle Verbesserungen bereits bekannter Produkte und Dienstleistungen in den Mittelpunkt ihrer Betrachtungen zu stellen. Radikale Veränderungen bei einem ihrer Lieferanten werden von Kunden hingegen eher als Gefahr und weniger als Chance gesehen. Außerdem können sich die Bedürfnisse verschiedener Kunden im Prozess gegenseitig aufheben oder Konkurrenzsituationen darum entstehen, auf welche Kundeninputs im Prozess am meisten eingegangen wurde. Ein Lösungsansatz ist hierbei, mit sogenannten Lead-Kunden zu arbeiten und in verschiedenen Phasen des Innovationsprozesses auf unterschiedliche Kunden mit unterschiedlichen Aufgaben im Prozess zurückzugreifen. (vgl. Grass, 2008, S. 45-46)

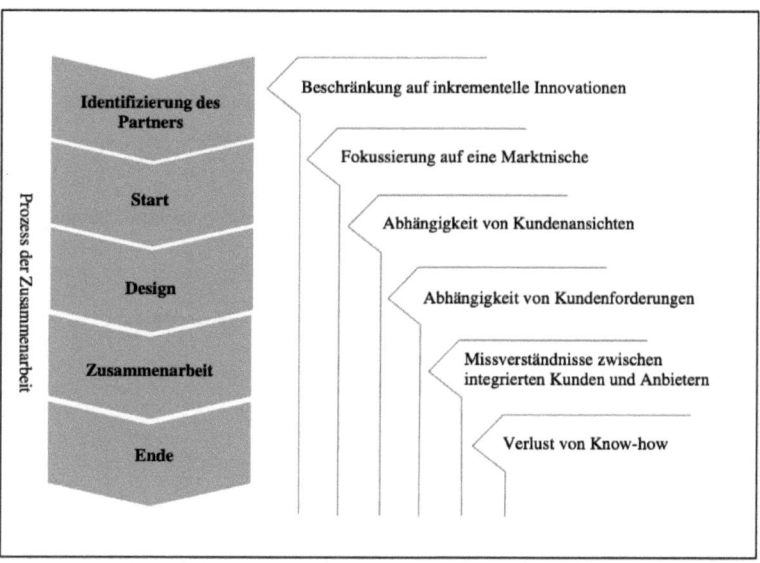

Abbildung 2: Bekannte Problemfelder der Kundenintegration, Quelle/Grafik: (Grass, 2008, S. 46)

Den offenen Innovationsprozess zeichnet nach Chesbrough (2003) aus, dass dem offen agie-

renden Unternehmen bewusst ist, dass nicht alle Personen, die zum Erfolg des Innovationspro-

jekts beitragen können, direkt im Unternehmen arbeiten und dass externer Input das Risiko

von Fehlschlägen reduzieren kann. Unternehmen, die den Open-Innovation-Ansatz verfolgen,

gehen etwa davon aus, dass die Einbindung externer Forschungsergebnisse einen signifikanten

Nutzen für das Unternehmen darstellt und die eigene, interne Forschung und Entwicklung er-

gänzen und beschleunigen kann. Der offene Innovationsprozess ermöglicht Unternehmen

dadurch, von neuen Forschungsergebnissen wirtschaftlich zu profitieren, auch wenn diese Er-

kenntnisse nicht oder nicht vollständig im eigenen Unternehmen entstanden sind. Open Inno-

vation ist zwar strukturell, organisatorisch und inhaltlich komplexer und zeitaufwändiger als

der geschlossene Innovationsprozess (siehe Abbildung 3, rechts), bringt aber eher die Chance

auf schnelle Marktakzeptanz sowie auf nachhaltig erfolgreiche Business-Modelle, Produkte und

Dienstleistungen mit sich. Offene Innovationsprozesse lassen außerdem ebenso zu, dass unter-

nehmensinternes Know-how an Dritte weitergegeben und von diesen für eigene Produkte und

Dienstleistungen genutzt wird. Dadurch können, etwa durch Lizenz-Gebühren, zusätzliche Um-

satzströme eröffnet werden, oder Märkte von Dritten betreut und abgedeckt werden, für die

man im Unternehmen selbst keine Ressourcen hat oder schaffen möchte. Offene

Innovationsprozesse ermöglichen andererseits auch, Patente, Verfahren und anderes Know-how von Dritten zu kaufen. Dies ist vor allem dann sinnvoll, wenn sich im Rahmen des Innovationsprozesses herausstellt, dass externe Lösungen den eigenen deutlich überlegen sind oder einen massiven Zeitgewinn mit sich bringen. (vgl. Chesbrough, 2003, S. 26)

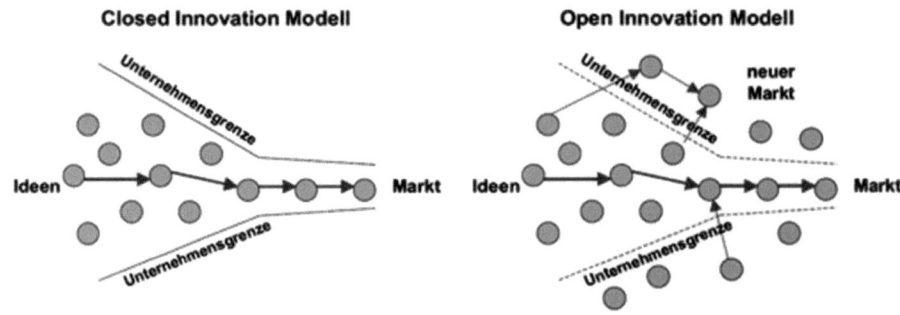

Unternehmen entwickeln und kommerzialisieren ausschließlich Ideen, die unternehmensinternen Bereichen, insbesondere der Forschung und Entwicklung, entstammen.

Unternehmen kommerzialisieren neben unternehmensintern entwickelten Innovationen auch fremde Innovationen und gehen Innovationskooperationen mit Start-ups und unabhängigen Forschungseinrichtungen ein.

Abbildung 3: Closed Innovation vs. open Innovation, Quelle/Grafik: ORGArena GmbH, www.innovations-wissen.de

Geschlossene Innovationsprozesse sind, wie in Abbildung 3 links ersichtlich, vor allem dann sinnvoll und erfolgversprechend, wenn davon ausgegangen werden kann, dass es im eigenen Unternehmen ausreichend Ideen sowie einen wesentlichen Know-how- und Technologievorsprung gibt. Bei der Umsetzung von geschlossenen Innovationsprozessen wird davon ausgegangen, dass keine zusätzlichen und externen Inputs notwendig sind, um aus dem internen Know-how (z. B. aus F&E oder aus Kreativprozessen) rasch marktreife Produkte oder Dienstleistungen zu entwickeln und am Markt positionieren zu können. Gleichzeitig wird damit ausgeschlossen, dass externe MarktteilnehmerInnen vom Know-how des Unternehmens profitieren und auch Lizensierungen von Patenten werden im Closed-Innovation-Prozess zumeist ausgeschlossen.

Die erwähnte, sinnvolle Einbindung verschiedener Kunden aus unterschiedlichen Kundentypen in unterschiedlichen Phasen des Open-Innovation-Prozesses zur Risikoreduktion wird auch in Abbildung 4 verdeutlicht. Eine Kundeneinbindung ist über alle Open-Innovation-Prozessphasen hinweg besonders sinnvoll, wenn – zusätzlich zur intensiveren Einbindung von Lead-Kunden – Diversität über alle Kundensegmente und abwechselnde Einbindung dieser Kunden über die unterschiedlichen Projektphasen hinweg sichergestellt wird. Durch diese nur phasenweise Einbindung einzelner Kunden kann verhindert werden, dass das Know-how des gesamten Innovationspro-zesses bei einem einzigen Kunden zusammengeführt wird. Durch diesen Know-how-Transfer in Richtung Kunden könnte Druck auf die bei eben diesen erzielbaren Preise entstehen oder, in ei-nem Streitfall, weitergehende Wettbewerbsnachteile auftreten (z. B. Verlust von geistigem Ei-gentum). (vgl. Grass, 2008, S. 47-48)

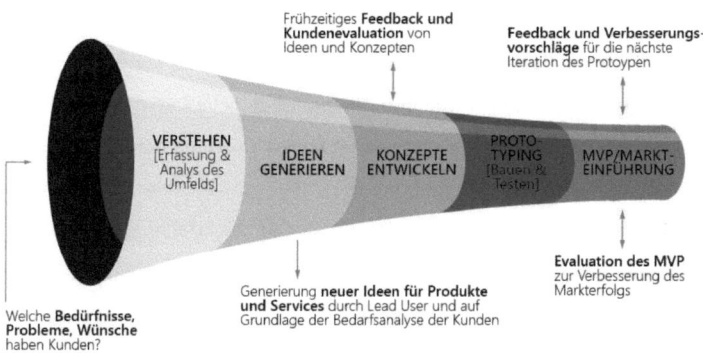

Abbildung 4: Darstellung des Open Innovation Prozesses - MVP, Quelle/Grafik: Digital Impact Labs Leipzig, https://digitalimpact-labs.de/blog/kundenintegration-innovationsprozess

Abbildung 4 stellt dar, dass in allen Phasen eines Open-Innovation-Prozesses direkte Kundenein-bindung mittels Interviews, Bedarfsanalysen, Produkttests und Feedback-Schleifen stattfinden sollte. Dabei kann sowohl auf Lead-Kunden gesetzt werden, die mehrere Phasen des Prozesses begleiten, als auch auf solche, die nur in einzelne Innovationsphasen eingebunden werden.

2.3 Innovationsprozess in der Konsumgüterindustrie am Beispiel von Procter & Gamble

In den Skripten des Moduls Innovationsmanagement wurde neben Henkel auch Procter & Gamble (P&G) als einer der großen, international tätigen Konsumgüterhersteller vorgestellt, die auf Open-Innovation-Prozesse setzen. Dabei wurde dargestellt und mit Kennzahlen belegt, dass der langjährige und nachhaltige Unternehmenserfolg von P&G maßgeblich mit der frühzeitigen strategischen Entscheidung in Richtung eines unternehmensweiten Open-Innovation-Prozesses und der direkten Kundeneinbindung zusammenhängt. Im Jahr 2017 gingen 35 % aller

Produktinnovationen des Unternehmens auf jene externen Innovationsideen zurück, die bei Procter & Gamble von Kunden, Forschern, Erfindern oder von Geschäftspartnern eingemeldet wurden. Mit Stand 2020 gibt das Unternehmen an, dass bereits über 50 % aller P&G-Innovationen auf externes Sourcing zurückgehen. (vgl. Procter & Gamble, 2020)

Da sich betriebliche Innovationsprozesse durch die fortschreitende Digitalisierung in den letzten Jahren rasch und massiv gewandelt haben und die in den Skripten beschriebenen Prozesse und Vorgehensweisen von P&G auf Daten aus dem Jahr 2017 und davor beruhen, hat sich der Verfasser dieser Projektarbeit entschieden, den aktuellen Letztstand der vielfach ausgezeichneten P&G Innovationsprogramme sowie ihre heutige öffentliche Darstellung und Rezeption zu recherchieren. Dazu hat der Verfasser sich selbst bei P&G als Innovation Partner registriert und am Programm connect + develop des Unternehmens mit einer eigenen Innovationsidee teilgenommen. Die dabei erhaltenen Prozess-Informationen und Erfahrungen werden, der Aufgabenstellung entsprechend, in den folgenden Kapiteln illustriert dargestellt und beschrieben.

Bereits aus Abbildung 5, einem Screenshot von der Startseite der Corporate Website des Unternehmens, ist ersichtlich, welchen enormen Stellenwert der Bereich Innovation im Unternehmen und in seiner Außendarstellung einnimmt. Unmittelbar neben den Marken und Produkten des Konzerns, die sein Kerngeschäft im Consumer-Bereich abbilden, ist bereits auf gleicher Menü-Ebene der Bereich Innovation angesiedelt. Dieser führt direkt zu einer eigenen Innovations-Landing-Page, auf der beschrieben wird, auf welche Arten und in welchen Bereichen das Unternehmen an Innovationsprozessen arbeitet oder teilnimmt.

Abbildung 5: Screenshot der Startseite der Corporate Website von P&G vom 18.1.2021, Quelle: de.pg.com/innovation

Aus dieser Unternehmensdarstellung geht hervor, dass P&G seine Innovationsaktivitäten und die damit verbundenen Prozesse und Projekte in den letzten Jahren massiv ausgebaut hat. Neben dem bereits erwähnten und seit 2001 etablierten Programm connect + develop, das mittlerweile vom Unternehmen als geschützte Trademark geführt wird, verweist das Unternehmen nunmehr ebenso auf ein "GrowthWorks" genanntes "Lean Innovation"-Modell, das dem Unternehmen *"die Beweglichkeit eines Start-ups"* (de.pg.com/innovation) geben und Entwicklungsprozesse weiter beschleunigen und verbessern soll. Laut Angaben des Unternehmens werden derzeit fast 200 Experimente in diesem Programm durchgeführt.

Das Innovationsprogramm "Alchemy" wurde aufgesetzt, um Software-Entwickler, Produkt- und UI-Designer und Benutzer zusammenzubringen, um innovative Lösungen für den digitalen Markt zu entwickeln. Als weitere wesentliche Ergänzung zum etablierten P&G Ideen-Generierungsprogramm connect + develop, das sich laut Website vor allem an Privatpersonen, einzelne Forscher und Erfinder richtet, hat P&G inzwischen mit "P&G Ventures" auch einen eigenen Inkubator gegründet, der sich an bestehende Unternehmen und Start-ups wendet, die P&G dabei unterstützen sollen, jene Produkt- und Verbraucherprobleme zu lösen, die von P&G aktuell noch nicht erfüllt werden (z. B. ungiftige/umweltfreundliche Insekten-Repellents, individuelle Performance-Steigerer, Wellness und Frauen-Gesundheit, aktives Altern, Schlaf-Verbesserung). P&G Ventures bietet Start-ups, die bereits über eigene Produkte und/oder Patente verfügen, Support bei der Markenentwicklung, Investitionen und internationale Vertriebspartnerschaften, um schneller am Markt skalieren zu können.

2.3.1 Kundenintegration im Innovationsprozess – Prozessdarstellung und Praxistest der P&G-Online-Plattform connect + develop

Nach dem Überblick über die neuen Innovationsprogramme des Unternehmens folgt nun die Prozessbeschreibung zur Teilnahme am Programm connect + develop. Dieses ist über die englischsprachige Website www.pgconnectdevelop.com öffentlich zugänglich.

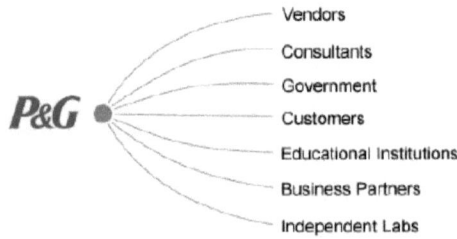

Abbildung 6: Open Innovation in der Praxis, Zielgruppen der connect + develop-Plattform von P&G

Quelle: P&G, consumervaluecreation.com/2016/03/11/procter-gamble-from-rd-to-connectdevelop-platform/

Der Anmeldeprozess, der vom Verfasser für diese Projektarbeit komplett durchexerziert wurde, ist grafisch einfach aufgebaut und inhaltlich streng eingegrenzt. Auffallend und hilfreich ist dabei, dass das umfassende FAQ- und Prozessbeschreibungs-Dokument, das auf den meisten Corporate Websites mühevoll gesucht werden muss, den EinreicherInnen automatisch vor den eigentlichen Einreich-Seiten dargestellt wird. P&G stellt darin vorab dar, dass es sich um eine diskriminierungs- und protektionsfreie Einreichmöglichkeit handelt. Die Ideen aller EinreicherInnen werden demnach gleich ernsthaft geprüft – laut P&G egal, ob es sich dabei um einen einzelnen Erfinder oder ein Fortune 500-Unternehmen handelt. Alle Innovationsvorschläge an das Unternehmen können ausschließlich über die Online-Plattform an P&G übermittelt werden. P&G weist darauf hin, dass es sich um einen offenen Innovationsprozess handelt, erläutert diesen und hält fest, dass über die Plattform connect + develop keine vertraulichen Dokumente übermittelt werden sollen. Beigefügte Dokumente, die als vertraulich gekennzeichnet sind, werden laut Angaben des Unternehmens ungelesen gelöscht. P&G weist die EinreicherInnen des Weiteren an dieser Stelle darauf hin, dass es sinnvoll sein könnte, eigene Patente anzumelden, um eventuelle Urheber- und Erfinderrechte rechtlich abzusichern. (Anm. des Verfassers: An späterer Stelle im Prozess stellt sich dann heraus, dass P&G nur Einreichungen anstrebt bzw. akzeptiert, die bereits geschützt oder grundsätzlich patentrechtlich schützbar sind.) P&G lehnt es ab, vor der Erstbegutachtung der eingereichten Ideen Non-Disclosure-Agreements zu unterzeichnen. Das Unternehmen kündigt den EinreicherInnen bei connect + develop einen Zeitraum von drei bis acht Wochen an, der für die interne Erstbegutachtung notwendig ist. Es ist nicht zulässig, in dieser Zeit Entscheidungsträger-rInnen oder andere MitarbeiterInnen von P&G bezüglich der Einreichung zu kontaktieren. Finanzielle Entschädigungen für die eingereichten Ideen und Innovationen sind möglich und werden im Falle einer Umsetzung bzw. Kooperation individuell vereinbart. Es gibt dazu keine publizierten Erfahrungs-, Richtwerte oder Mindestsätze. Die von P&G angebotenen Kooperationen spannen sich von einfachen Lizenzvereinbarungen über Zulieferverträge bis hin zur Gründung von gemeinsamen Unternehmen.

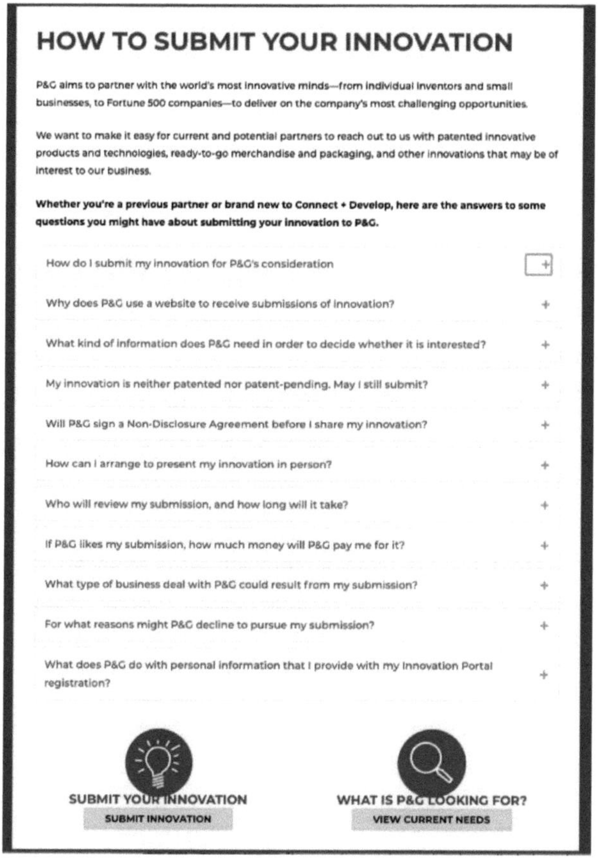

Abbildung 7: Erläuterungen zu connect + develop von P&G. Quelle/Grafik: pgconnectdevelop.com, eigener Screenshot

Aus Effizienzgründen behält sich P&G vor, Ablehnungen von Einreichungen nicht zu begründen, führt als die am häufigsten vorkommenden Gründe für Ablehnung jedoch die folgenden an:

- Die vorgeschlagene Lösung ist dem Unternehmen bereits bekannt.
- Es wird an einer Problemlösung im Umfeld der Einreichung bereits aktiv gearbeitet.
- Die Einreichung passt nicht zur Marken- und Unternehmens-Strategie von P&G.
- Die Größe des Projekts passt nicht zu den P&G Business-Plänen (zu groß, zu klein).
- Der Vorschlag enthält keine patent- oder markenrechtliche schützbaren Elemente.

(Punktation vom Verfasser übersetzt nach pgconnectdevelop.com/how-to-submit-your-innovation/)

P&G garantiert den EinreicherInnen ausdrücklich, dass deren persönliche Daten für keine anderen internen oder externen Zwecke bei P&G verwendet werden, außer für die Bearbeitung der Einreichung, und dass diese auch nicht an Dritte weitergegeben werden.

Nach dem beschriebenen Q&A-Dokument kann mittels "Submit Innovation"-Button der nächste Schritt im Prozess gestartet werden. An dieser Stelle wird vom Unternehmen nochmal mittels Pop-up-Window darauf hingewiesen, dass vor allem innovative Technologien gesucht werden, fertig entwickelte Produkte, einzigartige Expertisen und Geschäftschancen, dass keine Ideen Dritter eingereicht werden dürfen und keine Ideen oder Vorschläge angenommen werden, die nicht patent- oder urheberrechtlich geschützt werden können. Vor allem der patentrechtliche Bereich schließt in manchen Fällen durchaus sinnvolle, inkrementelle Innovationen zu bestehenden Produkten und Dienstleistungen oder zu Vertriebsinnovationen weitgehend aus dem Programm connect + develop aus.

Auch die vom Verfasser für diese Projektarbeit entwickelte, umweltfreundliche Packaging-Idee (industrielle Großgebinde mit Self-Filling-Einrichtung für Studentenheime, Hotels, Wohnhausanlagen, Supermärkte u. dgl. für alle P&G-Pflege- und Reinigungsprodukte) erfüllt höchstwahrscheinlich die Klausel der Patentierfähigkeit nicht, wurde aber zur Komplettierung und Dokumentation des gesamten Innovations- und Einreichungsprozesses für diese Projektarbeit dennoch formal bei P&G eingereicht.

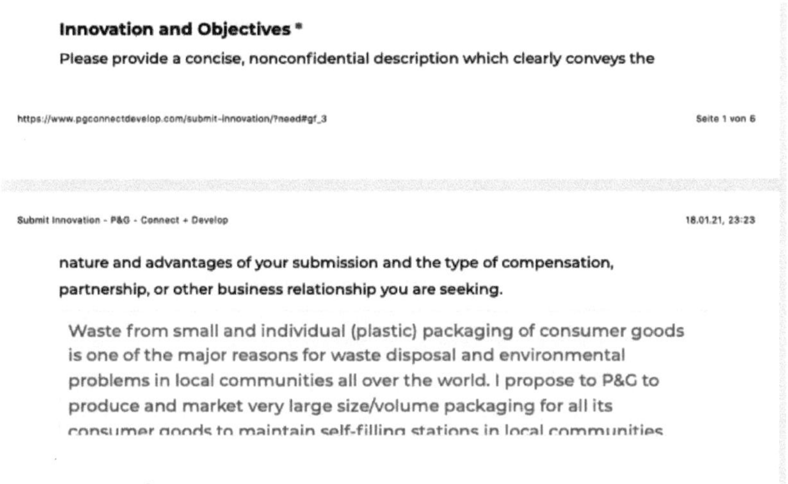

Innovation and Objectives *

Please provide a concise, nonconfidential description which clearly conveys the

https://www.pgconnectdevelop.com/submit-innovation/?need#gf_3   Seite 1 von 6

Submit Innovation - P&G - Connect + Develop   18.01.21, 23:23

nature and advantages of your submission and the type of compensation, partnership, or other business relationship you are seeking.

Waste from small and individual (plastic) packaging of consumer goods is one of the major reasons for waste disposal and environmental problems in local communities all over the world. I propose to P&G to produce and market very large size/volume packaging for all its consumer goods to maintain self-filling stations in local communities

Abbildung 8: Testeinreichung eines Projektvorschlages des Verfassers bei connect + develop von P&G

Quelle: Eigener Screenshot

Bemerkenswert zum Abschluss der Einreichung war, dass aus den 28 Kategorien, in denen man Innovationen einreichen kann, keine einzige Kategorie angeführt ist, die sich mit Nachhaltigkeit oder Umweltinnovationen befasst. Die Projektidee des Verfassers wurde daher unter der Kategorie "Other Innovations" eingereicht.

2.3.1.1 Conclusio zur Kundenintegration von connect + develop von P&G in der Praxis

Insgesamt kann festgehalten werden, dass der gesamte Innovations-Einreichungsprozess sehr userfreundlich aufgebaut ist und eine Einreichung (bei vorbereiteten Unterlagen und Textbausteinen) in 15 bis maximal 30 Minuten möglich ist und keine besonderen technischen Vorkenntnisse erfordert.

Im Gegensatz zur öffentlichen Kommunikation und zur Rezeption des P&G-Programmes connect + develop in Medien und in der Fachliteratur, ist die Einbindung von "einfachen Kunden" in den Innovationsprozess durch die strengen patentrechtlichen Limitierungen in der Praxis jedoch nur äußerst eingeschränkt möglich und keinesfalls so einfach und Erfolg versprechend, wie vielerorts dargestellt.

Obwohl die Plattform connect + develop als Paradebeispiel für erfolgreiche Kundenintegration gilt und diese Aufgabe technisch auch erfüllen könnte, scheint sich P&G mit der Online-Plattform in der Praxis vor allem an allenfalls patentrechtlich erfahrene Forscher, Entwickler und Erfinder zu wenden.

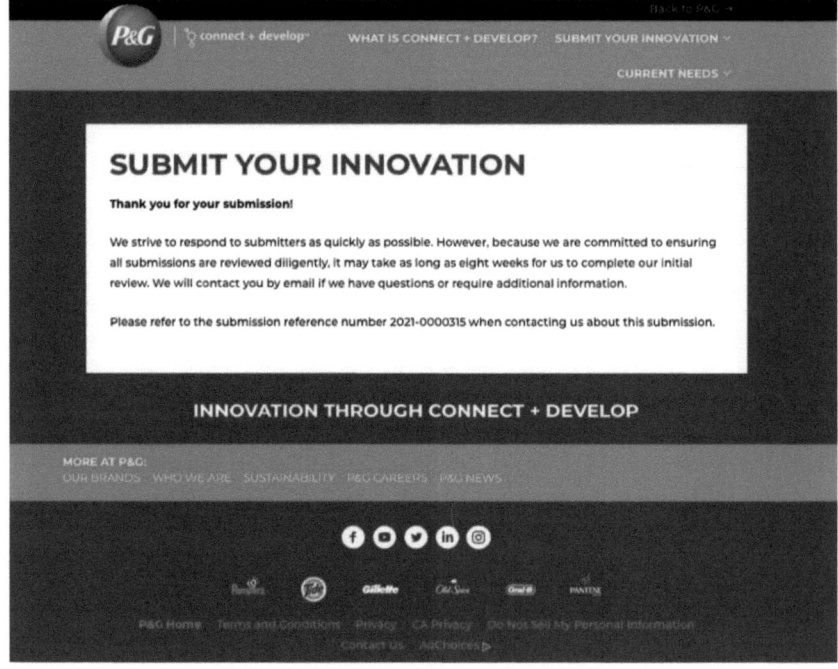

Abbildung 9: Abschluss-Screen nach erfolgreicher Einreichung eines Projektvorschlages bei connect + develop von P&G
Quelle: Eigener Screenshot vom 18.1.2021

3 Literaturverzeichnis

Borealis AG, 2020. Lafarge, OMV, VERBUND und Borealis starten eine sektorübergreifende Zusammenarbeit für die Abscheidung und Nutzung von CO2 im großindustriellen Maßstab. URL https://www.borealisgroup.com/news/lafarge-omv-verbund-und-borealis-starten-eine-sektorübergreifende-zusammenarbeit-für-die-abscheidung-und-nutzung-von-co2-im-großindustriellen-maßstab

Büttgen, M. (Ed.), 2009. Web 2.0-Anwendungen zur Informationsgewinnung von Unternehmen: Nutzungsmöglichkeiten für Marktforschung, Innovationsmanagement und CRM, Schriftenreihe Information Systems & Services. Logos, Berlin.

Chesbrough, H.W., 2003. Open innovation: the new imperative for creating and profiting from technology, Nachdr. ed. Harvard Business School Press, Boston, Mass.

Deloitte AG, 2017. The Deloitte Swiss Watch Industry Study 2017 It's all about digital.

Disselkamp, M., 2012. Innovationsmanagement: Instrumente und Methoden zur Umsetzung im Unternehmen, 2., überarb. Aufl. ed. Springer Gabler, Wiesbaden.

Emprechtinger, F., 2017. Innovationsgrad als Schlüsselfaktor zu erfolgreicher Innovation. LEAD Innovation Blog. URL https://www.lead-innovation.com/blog/innovationsgrad

Energie-Control Austria, 2020. E-Control – Anbieterwechsel. URL https://www.e-control.at/konsumenten/anbieterwechsel

Grass, T., 2008. Kundenintegration im Innovationsprozess – Identifikation von Problemfeldern in IT-Unternehmen anhand von Fallstudienanalysen. Technische Universität Dortmund.

Griebeler-Kollmann, J., Nomos Verlagsgesellschaft, 2019. Strukturinnovationen im Journalismus die Auswirkung unternehmensstrategischer Entscheidungsprämissen auf das journalistische Handeln.

Hengsberger, A., 2018. Was ist Innovationsmarketing? URL https://www.lead-innovation.com/blog/was-ist-innovationsmarketing

Henry-Ford.net, 2021. Zitate und Weisheiten von Henry Ford. URL www.henry-ford.net/deutsch/zitate.html

Hochgerner, J., 2012. Definition und Merkmale sozialer Innovationen.

Horton, G., 2017. Innovationsarten: Unsere Definitionen. URL http://www.zephram.de/blog/innovation/innovationsarten-definitionen/

Lefenda, J., Pöchhacker-Tröscher, G., 2014. Radikale Innovationen und disruptive Technologien.

Love, D., 2011. The 13 Most Memorable Quotes From Steve Jobs. Business Insider. URL https://www.businessinsider.com/the-13-most-memorable-quotes-from-steve-jobs-2011-10?r=DE&IR=T

Photoscala, 2019. CIPA-Zahlen 2018: Es geht abwärts – nur mit Spiegellosen nicht. URL https://www.photoscala.de/2019/02/06/cipa-zahlen-2018-es-geht-abwaerts-nur-mit-spiegellosen-nicht/

Procter & Gamble, 2020. Partnering with the World to Create Greater Value. URL https://www.pg.com/en_US/downloads/innovation/C_D_factsheet.pdf

Schupp, M., 2017. Du, sag mal…. URL https://ikea-unternehmensblog.de/article/2017/du-sag-mal

Stadt Wien, 2010. Volksbefragung 2010. URL https://www.wien.gv.at/politik/wahlen/volksbefragung/2010/

Stanford Graduate School of Business – Center for Social Innovation, 2020. Defining Social Innovation. URL https://www.gsb.stanford.edu/faculty-research/centers-initiatives/csi/defining-social-innovation#:~:text=Social%20innovation%20is%20the%20process,organizational%20form%20or%20legal%20structure.

Therme Wien, 2018. Demokratie in der Sauna: Therme Wien lässt über Aufguss-Düfte abstimmen. URL https://www.thermewien.at/demokratie-in-der-sauna-therme-wien-laesst-ueber-aufguss-duefte-abstimmen/

Verein Österreichs E-Wirtschaft, 2017. Die Strommarktliberalisierung. URL https://oesterreichsenergie.at/die-strommarktliberalisierung.html

Walter, S.A., 2004. NETZWERKÖKONOMIE UND KULTUR Sozio-kulturelle Bedingungen innovativer Netzwerke. Eine empirische Untersuchung im "Dritten Italien".

Zephram GbR, 2018. Impulse für Innovation. URL http://www.zephram.de/blog/profil-von-graham/

19. Jänner 2021